Bühne frei!

Lustige Kindersketsche für Schulfeste, Familienfeiern & Co.

Aufgeschrieben
von Christa Wißkirchen

Mit Bildern von Anke Faust

COPPENRATH

Hallo, liebe Kinder!

Ob beim Schulfest, auf Klassenfahrt oder zur Familienfeier: Lustige Sketsche kommen immer gut an.
In diesem Buch findet ihr jede Menge Ideen.
Hier ein paar Tipps für gutes Gelingen:

- Texte auswendig lernen, Stücke vorher üben!
- Laut, deutlich und nicht zu schnell sprechen!
- Niemals dem Publikum den Rücken zudrehen!
- Tempo! Unentschlossenes Herumstehen oder langes Suchen nach den Requisiten verdirbt die Spannung. Deshalb:
- Vorher alles zurechtlegen, was man braucht, dann fix aufbauen (am besten mit Helfern)!
- Wenn das Stück angesagt ist, mit raschem Schritt auf die Bühne kommen – aber erst anfangen, wenn die Zuschauer still sind!
- Zum Schluss kurz verbeugen und die Bühne zügig verlassen!

Für eure Aufführung braucht ihr:

- einen freien Platz, der als Bühne etwas abgegrenzt ist (zum Beispiel durch Tische, Kisten oder Tücher),
- einen Ansager mit kräftiger Stimme,
- einen Vorhang (oder Gong) als Pausenzeichen (das können zwei Kinder mit einem Bett- oder Tischtuch sein oder ihr schreibt das Wort „Vorhang" auf ein großes Pappschild oder auf das T-Shirt eines vorbeigehenden Helfers),
- einfache Kostüme, zum Beispiel einen Kittel für den Verkäufer, Brille und Jackett für den Rechtsanwalt, ein Kopftuch für die Marktfrau und einen Rucksack für den Schüler (ihr merkt sicher selbst am besten, was nötig ist).

Aber jetzt: Viel Spaß und toi-toi-toi!

Süßigkeiten

Ein gutes Geschäft

Spieler: Verkäuferin (V), Kunde (K)

V: Bitte schön, was darf es sein?

K: Ich möchte gern eine Tüte Gummibärchen.

V: Hier, bitte sehr! *(Überreicht die Tüte.)* 1 Euro 20.

K: Danke. *(Bleibt stehen und betrachtet die Tüte.)* Ach, wissen Sie ...

V: Ja?

K: Ich habe es mir überlegt. Ich möchte doch keine Gummibärchen, sondern lieber eine Tüte Lakritz. Geht das? *(Gibt die Tüte zurück.)*

V: Sicher. Hier ist das Lakritz.

K: *(Nimmt die Tüte und geht damit weg.)*

V: Halt, Moment! Sie haben ja das Lakritz noch nicht bezahlt.

K: Brauche ich ja auch nicht. Dafür habe ich Ihnen doch die Gummibärchen gegeben.

V: Die haben Sie aber auch nicht bezahlt.

K: Die habe ich ja auch nicht mitgenommen, und was man nicht mitnimmt, braucht man nicht zu bezahlen, stimmt's? Also tschüss! *(Geht schnell weg.)*

V: Ach so, ja. – Äh ... Wie war das? Kriege ich jetzt noch Geld oder nicht? *(Schüttelt den Kopf und denkt angestrengt nach.)* Die Leute können einen ganz verrückt machen!

(Vorhang)

Die Drei-Wörter-Wette

Spieler: zwei Kinder (A und B)

A: Wetten, du schaffst es nicht,
mir drei Wörter nachzusprechen?

B: Natürlich schaff' ich das. Um was wetten wir?

A: Um ein Eis am Stiel. Du hast drei Versuche.

B: Okay. Fang an!

A: Hundehüttenbesitzer.

B: Hundehüttenbesitzer.

A: Pfefferminzbonbon.

B: Pfefferminzbonbon.

A: Falsch.

B: Wieso denn? Hab ich gar nicht gemerkt.
Na ja, also noch mal!

A: Zahnspangenmonster.

B: Zahnspangenmonster.

A: Ketschupflaschendeckel.

B: Ketschupflaschendeckel.

A: Falsch.

B: Jetzt hab ich aber genau aufgepasst. War doch richtig. Du mogelst!

A: Ich mogle nicht. Dritter Versuch. Flohzirkusdirektor.

B: Flohzirkusdirektor.

A: Kaugummiautomat.

B: Kaugummiautomat.

A: Falsch.

B: Jetzt reicht's mir aber. Hast du denn keine Ohren?

A: Ich hab die Wette gewonnen. Hol mir jetzt das Eis.

B: Ich denk ja nicht dran. Nur wenn du mir beweisen kannst, dass ich was falsch gemacht habe.

A: Kann ich. Die Wette hieß: Du sollst drei Wörter nachsprechen. Stimmt's? Und das dritte Wort hast du nie nachgesprochen.

B: Welches dritte Wort? Du hast ja immer gleich „Falsch!" gerufen.

A: Na ja, das war ja das dritte Wort. Das dritte Wort hieß „falsch". Und jetzt kriege ich mein Eis!

(Vorhang)

Der Vornehmste Gast der Welt

Spieler: Gast (G), Ober (O)

G: *(Setzt sich an den Tisch und räuspert sich.)*

O: Guten Tag, der Herr. Der Herr wünschen zu speisen?

G: Jawohl, und zwar erstklassig, wenn ich bitten darf. Wissen Sie, ich komme gerade aus New York. Da habe ich im besten Restaurant der Welt gegessen. Was haben Sie denn so zu bieten?

O: Ich bringe sofort die Speisekarte. Wünschen der Herr inzwischen etwas zu trinken?

G: Ja, zuerst mal ein Glas Sekt, aber tadellosen. Wissen Sie, vorige Woche habe ich in Paris den teuersten Champagner der Welt probiert. So etwas haben Sie natürlich nicht.

O: *(Bringt den Sekt und die Speisekarte.)* Bitte sehr, der Herr. Zum Wohlsein. Und hier ist die Karte.

G: *(Nimmt die Karte und liest.)* Hm. Na ja. Den Hummer könnte ich ja mal versuchen. Wissen Sie, wo es den feinsten Hummer der Welt gibt? Ich esse ihn immer in Lissabon. Aber Sie wissen ja sicher nicht mal, wo das liegt.

O: *(Kommt mit Teller und Besteck)* Pardon! *(Deckt den Tisch und geht wieder.)*

G: Ober!

O: Bitte sehr, der Herr?

G: Die Serviette fehlt.

O: Sofort, mein Herr. *(Geht und kommt mit einer Rolle Klopapier auf einem Teller zurück.)*

G: Was soll denn das? Was soll das Klopapier auf meinem Tisch? Das ist ja eine Unverschämtheit!

O: Verzeihen Sie, mein Herr, aber das ist kein Klopapier, sondern eine Spezialität unseres Hauses: die längste Serviette der Welt!

(Vorhang)

Die Vorsilbe „un"

Spieler: Lehrerin (L), drei Schulkinder (A, B und C)

L: Guten Morgen, liebe Kinder. Heute wollen wir darüber sprechen, wie man Wörter verwandeln kann, zum Beispiel das Wort „Glück". Stellt euch vor: Man braucht nur zwei Buchstaben davor zu setzen, schon wird etwas ganz anderes daraus. Wer rät wohl, was ich meine?

A: (*Meldet sich.*) Unglück.

L: Richtig. Und jetzt sage ich „schön". Na?

B: Unschön.

L: Gut. Wer findet noch mehr Beispiele?

C: Unruhe.

A: Unangenehm.

B: Unwetter.

C: Unfrieden.

A: Ungeduldig.

B: Unfreundlich.

L: Na fein. Ihr habt ja eine ganze Menge Wörter mit der Vorsilbe „un" gefunden. Dann könnt ihr sicher auch schon die Regel sagen, die dahinter steckt. Was sind das alles für Wörter, die mit der Vorsilbe „un" anfangen?

C: Lauter Wörter, die etwas Schlechtes oder Schlimmes bedeuten.

L: Stimmt. Da habt ihr gut aufgepasst.

A: *(Springt auf und meldet sich stürmisch.)*
Ich weiß noch ein Beispiel!

L: Aha, prima. Was denn?

A: Unterricht!

(Vorhang)

Klüger durch Apfelkerne

Spieler: Verkäufer (V), Frau (F), Marktfrau (M)

V: Treten Sie näher, meine Damen und Herren! Eine Sensation! Die neueste Entdeckung der Wissenschaft! Stärken Sie damit Ihre Intelligenz! *(Hält ein Tütchen hoch.)*

F: Was ist denn da drin, in den Tütchen?

V: Apfelkerne, gnädige Frau. Gute, frische Original-Apfelkerne! Wissenschaftler in Amerika haben herausgefunden, dass Apfelkerne das beste Mittel sind, um den Verstand zu fördern.

F: Ach!

V: Sie brauchen nur fünf Stück am Tag zu essen und schon nach kurzer Zeit sind Sie doppelt so klug wie vorher.

F: Nicht möglich! Was kosten denn die Apfelkerne?

V: Zehn Stück sage und schreibe nur 2 Euro – weil Sie es sind.

F: Hm. Also, ich probier's mal. Geben Sie mir ein Tütchen. *(Bezahlt, geht langsam weiter, öffnet die Tüte und isst daraus.)*

M: Äpfel, schöne Äpfel! Das Kilo nur 1 Euro 50. Leute, kauft Äpfel, schöne Äpfel, 1 Euro 50 das Kilo.

F: *(Bleibt stehen.)* Äpfel, hm. *(Guckt in die Tüte, denkt nach.)* Ja, das ist ja ... ja da kann man doch .... *(Geht zurück zum Verkäufer.)* Also, jetzt hören Sie mal!

V: Ja bitte?

F: Sie haben mir zehn Apfelkerne verkauft für 2 Euro ... Wenn ich jetzt ein Kilogramm Äpfel gekauft hätte, das wären doch so ungefähr sechs Äpfel, und in jedem Apfel sind ... na, wenn man Glück hat, zehn Kerne, aber auch wenn es nur fünf sein sollten, da hätte ich doch 30 Kerne oder sogar mehr – und das alles für 1 Euro 50! Ja, das wäre doch viel, viel billiger!

V: Sehen Sie? Die Apfelkerne fangen schon an zu wirken!

(Vorhang)

Die Namensänderung

Spieler: Standesbeamter (S), Mann (M)

M: Guten Tag. Bin ich hier richtig beim Standesamt?

S: Ja. Womit kann ich Ihnen helfen?

M: Ich möchte meinen Namen ändern lassen. Dauert das lange oder können Sie es sofort machen?

S: Moment, Moment! So einfach geht das nicht.

M: Nicht? Warum denn nicht?

S: Ja, wenn Sie Ihren Namen ändern wollen, müssen Sie einen wichtigen Grund haben. Außerdem dauert das ziemlich lange. Und teuer ist es auch. Haben Sie sich das gut überlegt?

M: Ja. Mein Name gefällt mir einfach nicht.

S: Na, hören Sie mal, das ist doch kein wichtiger Grund. Da könnte ja jeder kommen und jede Woche einen neuen Namen wollen.

M: Also geht es nun oder geht es nicht?

S: Jetzt füllen wir erst mal einen Antrag aus. *(Nimmt ein Blatt und einen Stift und sagt etwas leiser vor sich hin:)* Standesamt Oberwitzbach – Antrag auf Namensänderung – heute ist Montag, der fünfzehnte Dritte, Name des Antragstellers. *(Laut zum Mann:)* Wie heißen Sie denn?

M: Emil Hundeschnauze.

S: Was? Emil Hundeschnauze? Wirklich? Na ja, wenn das so ist. Das sehe ich ein. Entschuldigen Sie, aber mit so einem Namen möchte ich natürlich auch nicht herumlaufen.

M: Sehen Sie.

S: Dann trage ich hier also ein: Name des Antragstellers – E-mil Hun-de-schnau-ze. *(Leiser, liest vom Blatt:)* Der – Antragsteller – möchte – seinen – Namen – wie – folgt – ändern. *(Laut, sieht den Mann an:)* Jetzt sagen Sie mal: Wie wollen Sie denn stattdessen heißen?

M: Friedrich Hundeschnauze. Emil ist doch ein blöder Name. Kein Mensch heißt heute noch Emil.

(Vorhang)

Bitte nicht stören!

Spieler: Vater (V), Kind (K)

K: Du, Papa?

V: Jetzt nicht.

K: Papa, guck doch mal!

V: Ich lese gerade. Lass mich bitte in Ruhe.

K: Aber Papa, komm doch mal ans Fenster.
Da unten auf der Straße ...

V: Es interessiert mich nicht, was unten auf der Straße los ist.
Ich lese, verstehst du?

K: Aber da steht so ein Mann und der ...

V: Lass ihn doch stehen, den Mann, Himmeldonnerwetter!

K: Aber der hat so eine große Zange und ich glaube, er versucht ...

V: Jetzt lass mich endlich in Ruhe lesen! Meinst du, ich hätte noch nie eine Zange gesehen?

K: Oh! Jetzt hat er wirklich das Schloss geknackt. Komm doch schnell, Papa!

V: *(Springt auf und wirft wütend die Zeitung auf den Boden.)* Was erzählst du denn da für einen Blödsinn? Was für ein Schloss?

K: Na, von deinem neuen Rennrad, Papa! Da! Jetzt steigt er auf und fährt damit weg.

V: Mein neues Rennrad! Um Himmelswillen! Warum hast du das denn nicht gleich gesagt?!

(Vorhang)

Unter der Laterne

Spieler: zwei Personen (A und B) und ein Kind, das eine Lampe hochhält

A: *(Geht allein um die Laterne herum und sucht etwas auf dem Boden.)* Ach, verflixt, wo ist er denn? Hier nicht ... hier auch nicht. Wo kann er bloß sein?

B: *(Kommt hinzu.)* Hallo, was machst du denn hier noch so spät am Abend?

A: Ach, ich suche meinen Hausschlüssel. Der ist mir runtergefallen und ich kann ihn einfach nicht finden.

B: Warte, ich helfe dir suchen. *(Sucht mit.)* Ist es ein ganzer Schlüsselbund oder nur ein einzelner Schlüssel?

A: Nein, so ein kleiner einzelner. Wenn ich ihn nicht finde, muss ich heute Nacht auf der Straße schlafen. Zu dumm!

B: Hast du denn gemerkt, wie er runtergefallen ist?

A: Ja, ich hab's ganz deutlich klappern gehört.

B: Und das war genau hier?

A: Das war, als ich aus dem Auto gestiegen bin.

B: Aber wo bist du denn aus dem Auto gestiegen? Ich sehe gar kein Auto.

A: Dahinten um die Ecke, da steht's. Von hier aus kannst du's nicht sehen.

B: Und warum suchst du dann hier und nicht dahinten?

A: Na, Mensch, weil hier eine Laterne steht. Dahinten ist es doch stockfinster, da finde ich den Schlüssel nie.

(Vorhang)

Mülle

Der Schulausflug

Spieler: Mutter (M), Kind (K)

K: Hallo, Mama!

M: Aha, da bist du ja wieder. Wie war denn der Ausflug?

K: Na ja.

M: War's nicht so schön im Zoo?

K: Ooch ... doch.

M: Ist irgendwas passiert?

K: Nö, nix Besonderes. Von meiner Jacke ist ein Knopf abgegangen.

M: Na, das ist ja nicht schlimm. Da nähen wir einen neuen dran. Wie ist denn der Knopf abgegangen?

K: Das ist passiert, als ich so schnell über den Zaun geklettert bin.

M: Ach so. Und warum bist du so schnell über den Zaun geklettert?

K: Weil der Löwe hinter mir her war.

M: Was? Um Himmelswillen! Wieso war denn der Löwe hinter dir her?

K: Er hatte Angst vor den Elefanten und da ist er über den Wassergraben gesprungen.

M: Wo kamen denn die Elefanten her?

K: Die sind vor dem Rauch weggelaufen.

M: Vor dem Rauch? Wo hat es denn gebrannt?

K: Im Elefantenhaus.

M: Und wie ist das gekommen?

K: Ja, weißt du, der Alex und ich, wir hatten im Zoo ein Feuerzeug gefunden. Du, Mama, sind wir eigentlich versichert?

M: Warum fragst du?

K: Na ja, uns war so langweilig, da haben wir das Feuerzeug mal ausprobiert.

M: Ja und da?

K: Ja, und vor dem Elefantenhaus lag ein Haufen Stroh.

M: Oh, ich werd verrückt! Dann habt ihr das Elefantenhaus in Brand gesteckt! Ach, du meine Güte! Bestimmt kommt gleich die Polizei. Hast du sonst noch was Schlimmes zu erzählen?

K: Nö, sonst ist eigentlich nix Besonderes passiert. Kannst du mir jetzt den neuen Knopf an die Jacke nähen?

(Vorhang)

Die große
GEDÄCHTNIS-
Show

Der Gedächtnisrekord

Spieler: Spielleiterin (S), Kandidat (K), einige weitere Spieler sitzen als Publikum (P) unter den Zuschauern

S: Und jetzt Applaus für unseren letzten Kandidaten im großen Gedächtniswettbewerb, Herrn Hugo Hempel!

K: *(Kommt im Eilschritt auf die Bühne, ein dickes Telefonbuch unterm Arm, verbeugt sich.)*

P: *(Klatscht.)*

S: Herr Hempel, Sie wollen die Wette gewinnen. Sagen Sie uns, was Sie tun werden. Ich sehe, Sie haben ein dickes Buch dabei. Was ist das für ein Buch?

K: Das ist das Telefonbuch von Hamburg. Ich werde daraus alle Namen von fünf Seiten auswendig in der richtigen Reihenfolge aufsagen, nachdem ich mir jede Seite zehn Sekunden lang angeschaut habe.

P: *(Klatscht und johlt.)*

S: Da haben Sie sich ja viel vorgenommen. Wie viele Namen sind denn so auf einer Seite eingetragen?

K: Ungefähr 400.

S: Allerhand. Das wären dann ja 2000 Namen. Das Publikum glaubt, dass Sie die Wette verlieren. Was glauben Sie?

K: Ich gewinne.

P: *(Pfeift, klatscht und johlt.)*

S: Also, es geht los. Sie schlagen eine Seite auf und legen ein Lesezeichen hinein. Dann haben Sie zehn Sekunden für jede Seite, und wenn Sie dann die Namen aufsagen, kontrolliere ich vom Lesezeichen an. Achtung – fertig – los!

K: *(Schlägt das Buch auf, legt das Lesezeichen hinein und sieht angestrengt auf die Seiten.)*

S und P: *(Zählen bei jeder Seite im Chor bis 10 – insgesamt fünfmal, bei jedem Umblättern.)*

K: *(Schließt das Buch und gibt es S.)* Fertig. Ich nenne also die Namen von Seite 875 bis 879.

S: *(Öffnet das Buch beim Lesezeichen, schaut aber noch nicht hinein.)*

K: *(Steht auf, zupft sich die Jacke zurecht, räuspert sich, schließt die Augen.)*

S: Meine Damen und Herren, ich bitte um absolute Ruhe im Saal. Der Kandidat muss sich konzentrieren. Schließlich geht es um 1000 Euro.

K: *(Räuspert sich nochmals.)* Müller, Müller, Müller, Müller, Müller, Müller, Müller, Müller, Müller, Müller, Müller, Müller, Müller, Müller …

P: *(Pfeift, trampelt und ruft dazwischen.)* Halt! Aufhören! Das gilt nicht! Pfusch!

S: Bitte beruhigen Sie sich, meine Damen und Herren. Herr Hempel, wir verzichten auf den Rest. Herzlichen Glückwunsch, Sie haben die Wette gewonnen.

P: *(Pfeift, klatscht, trampelt und johlt.)* Buh! Bravo!

(Vorhang)

GERICHT
Saal 2

Der gute Tipp

Spieler: Angeklagter (A), Rechtsanwalt (Ra), Richter (Ri)

A: Guten Tag, Herr Rechtsanwalt. Ich muss vor Gericht. Können Sie mich verteidigen?

Ri: Was haben Sie denn angestellt?

A: Müll in den Wald gekippt.

Ra: Oh je, das wird teuer, wenn man es Ihnen beweisen kann. Mindestens 5000 Euro. Wer hat Sie denn angezeigt?

A: Ich bin dabei erwischt worden.

Ra: Aha. Und wer ist der Zeuge?

A: Die Polizei hat mich erwischt.

Ra: Oh, oh, da kann ich Ihnen wenig Hoffnung machen.

A: *(Fleht verzweifelt:)* Haben Sie nicht vielleicht doch irgendeinen guten Tipp? Bitte!

Ra: Hm. Einen Tipp hätte ich schon. Aber der ist natürlich nicht umsonst.

A: Wie viel würde er denn kosten?

Ra: Sagen wir ... 400 Euro.

A: Also gut. Immer noch besser als verurteilt zu werden. Was raten Sie mir also?

Ra: Wenn Sie vor dem Richter stehen, sagen Sie immer nur MÄH, egal, was er Sie fragt, immer MÄH, verstanden?

A: Ist gut.

(Vorhang)

Ri: Angeklagter, wie heißen Sie?

A: MÄH.

Ri: Wo wohnen Sie?

A: MÄH.

Ri: Was haben Sie zu der Tat zu sagen?

A: MÄH.

Ri: Ja, hören Sie mal, können Sie nichts anderes sagen als MÄH?

A: MÄH.

Ra: Herr Richter, Sie sehen doch, der Mann ist nicht richtig im Kopf. Den können Sie nicht verurteilen.

Ri: Ja, das scheint mir auch so. Der ist unzurechnungsfähig. Ich muss ihn freisprechen.

(Vorhang)

Ra: Na, sehen Sie, hat ja prima geklappt. Das macht dann also 400 Euro.

A: MÄH.

Ra: Was soll der Quatsch? Jetzt sind wir doch nicht mehr vor Gericht. Also bitte schön, ich hätte gern das Geld.

A: MÄH.

Ra: Jetzt wird's mir aber zu bunt. Wenn Sie sich dumm stellen und nicht zahlen, verklage ich Sie!

A: MÄH.

(Vorhang)

Ra: Herr Richter, dieser Mann ist mir 400 Euro schuldig und will sie nicht bezahlen.

Ri: Und was sagt er dazu?

Ra: Er sagt nur MÄH.

Ri: Ach so! Den Mann kenne ich doch. Was wollen Sie denn von dem? Sie haben doch selbst gesagt, dass er nicht richtig im Kopf ist. Mit dem kann das Gericht nichts anfangen. Sehen Sie zu, wie Sie Ihr Geld kriegen. Auf Wiedersehen.

(Vorhang)

Inhaltsverzeichnis